Asou Aminnezhad

Algoritmo inteligente melhorado para implementar a arquitetura empresarial

Asou Aminnezhad

Algoritmo inteligente melhorado para implementar a arquitetura empresarial

ScienciaScripts

Imprint

Cover image: www.ingimage.com

This book is a translation from the original published under ISBN 978-3-659-88907-3.

Publisher:
Sciencia Scripts
is a trademark of
Dodo Books Indian Ocean Ltd. and OmniScriptum S.R.L publishing group

120 High Road, East Finchley, London, N2 9ED, United Kingdom
Str. Armeneasca 28/1, office 1, Chisinau MD-2012, Republic of Moldova, Europe
Managing Directors: Ieva Konstantinova, Victoria Ursu
info@omniscriptum.com

Printed at: see last page
ISBN: 978-620-8-61120-0

ÍNDICE DE CONTEÚDOS

1. RESUMO

O sonho de uma potência de computação tão facilmente disponível como a eletricidade numa tomada de parede está a aproximar-se da realidade com a chegada da computação em rede e em nuvem. Ao mesmo tempo, as bases de dados crescem para dimensões que ultrapassam o que pode ser gerido eficientemente por sistemas de servidor único.

Os utilizadores e as aplicações que utilizam a computação em grelha e em nuvem tendem a evocar dados e informações de bases de dados heterogéneas, tendo problemas de comunicação entre todos estes servidores. Para resolver este problema, propusemos a nossa estratégia combinando a linguagem XML.

É necessária uma estratégia e um algoritmo eficientes e precisos para o processamento de consultas na Web.

Nesta tese, o foco está em como melhorar o desempenho do processamento de consultas em bases de dados heterogéneas e a precisão na resposta a dados relevantes e também o tempo de resposta é outro desafio para as aplicações de processamento de consultas na Web.

O desafio é que os sítios e as aplicações Web recuperem os dados e as informações exactas dos servidores de bases de dados num prazo razoável. É proposto um método de baixo custo para aumentar a exatidão, tornando mais inteligente o processamento de consultas na Web.

Entretanto, a principal função da XML é resolver a homogeneidade dos servidores de bases de dados. Foi concebido um protótipo de arquitetura baseado no algoritmo inteligente e na XML. Neste trabalho, o protocolo Simple Object Access Protocol ("SOAP") é utilizado para transmitir pedidos e respostas entre clientes e servidores sob a forma de informação estruturada. Este protótipo de arquitetura foi realizado com uma aplicação.

Esta aplicação foi testada para o acesso a bases de dados heterogéneas. O resultado indica que a aplicação de um algoritmo inteligente e de XML capaz de melhorar o processamento de consultas Web em bases de dados heterogéneas acesso.

2. INTRODUÇÃO

Com o advento da Web, a informação passou a estar mais pronta e facilmente disponível a partir de uma variedade de fontes de dados. Por exemplo, há um grande número de bases de dados na Web que contêm carros ou casas usados disponíveis para venda [1-5].

Muitas bases de dados ultrapassaram o que os sistemas de servidor único podem fornecer, e continuam a crescer. Para satisfazer a procura futura de armazenamento de dados, é necessário criar sistemas de gestão de bases de dados (SGBD) que possam ser escalados. No entanto, o escalonamento não é fácil. A distribuição acrescenta uma sobrecarga de coordenação, que aumenta com a dimensão do sistema e limita a escalabilidade. Uma solução para o problema da escalabilidade é tornar os sítios (ou seja, os nós ou computadores) do sistema distribuído mais autónomos, reduzindo assim a necessidade de coordenação, mas isto também tem o seu lado negativo: como é que um SGBD distribuído menos coordenado pode processar as consultas de forma eficiente?

A maior parte das fontes de dados da Web fornece uma interface baseada em formulários, que permite ao utilizador consultar a base de dados e obter resultados que correspondam aos atributos que lhe foram fornecidos. Estas bases de dados, nas quais o processador de consultas apenas tem acesso de leitura, sem qualquer capacidade de escrever ou modificar as bases de dados, são designadas por bases de dados autónomas.

O advento da computação em grelha e em nuvem promete um acesso mais fácil do que nunca aos recursos computacionais, com a possibilidade de aumentar ou diminuir a afetação de recursos conforme necessário. A visão de sistemas distribuídos que adaptam automaticamente a utilização dos recursos às necessidades dos utilizadores parece estar ao nosso alcance, mas para isso são necessários sistemas distribuídos que possam escalar sem problemas de um único sítio para milhares de sítios e adaptar-se ao volume de trabalho atual [6, 7].

Esta tese centra-se na forma como o processamento de consultas pode ser efectuado de forma eficiente num SGBD distribuído com um elevado grau de autonomia dos sítios. Este problema é abordado através da análise de métodos e algoritmos de pesquisa para melhorar a execução de consultas.

Inexatidão da extração: Muitas bases de dados da Web estão a ser preenchidas utilizando técnicas automatizadas de extração de informação. Como resultado da imperfeição inerente à extração, estas bases de dados Web podem conter valores em falta.

Heterogeneidade do esquema: O esquema global fornecido por um mediador pode frequentemente conter atributos que não aparecem noutros esquemas. Por exemplo, um esquema global para o comércio de carros usados pode ter um atributo chamado estilo de carroçaria, que é suportado no Cars.com, mas não no Yahoo! Autos. Dada uma consulta no esquema global que seleciona carros com estilo de carroçaria igual a "descapotável", as abordagens que apenas devolvem determinadas respostas não poderão devolver informações sobre carros do Yahoo! Autos.

2.1 Motivação

Nos últimos vinte anos, o paradigma operacional básico para o processamento de dados evoluiu à medida que a tecnologia informática se alterou. Passámos de sistemas de gestão de dados centralizados, baseados em mainframes, para redes de poderosos clientes PC, servidores de grupo e a Internet. As tendências recentes da investigação sugerem que, em última análise, poderemos estar a passar para um modelo ainda mais extremo, baseado em pares, em que todas as máquinas consomem e fornecem dados e computação numa arquitetura totalmente descentralizada.

A motivação para estas mudanças não veio apenas do hardware e das tecnologias de rede mais avançados, mas de um desejo natural de descentralizar o controlo e a administração dos dados e dos serviços de computação e de utilizar novos algoritmos e métodos para obter e recuperar dados, tendo em conta a precisão e a eficiência.

2.2Pólo de investigação

O tema desta tese é como melhorar o desempenho do processamento de consultas em grandes SGBD distribuídos em que a autonomia foi aumentada e a coordenação foi reduzida para melhorar a escalabilidade. A redução dos custos de coordenação é benéfica para a escalabilidade, mas tem o custo de menos informação disponível em cada sítio. Cada sítio decide autonomamente, com base apenas nas informações disponíveis localmente, como processar as consultas. O desafio é fazê-lo de uma forma que seja exacta para mostrar resultados relevantes e reduzir o tempo de resposta.

Em particular, esta tese centra-se no processamento de consultas e na pesquisa, procura e apresentação de resultados.

2.3 Métodos

A principal contribuição desta tese são os métodos para diminuir o tempo de execução e de pesquisa de dados. Estes métodos foram avaliados através de simulações e experiências de implementação num protótipo de SGBD distribuído.

Para o efeito, o mapeamento XML e a criação de todas as consultas possíveis são a abordagem para alcançar o principal contributo.

O Java EE, o XML e o MySQL foram utilizados para desenvolver e implementar esta abordagem.

2.4Esboço da tese

O resto desta tese está organizado da seguinte forma: O Capítulo 2 contém informações de revisão da literatura sobre a função da base de dados e informações sobre o processamento de consultas na Web. Contém também uma breve revisão dos sistemas de armazenamento distribuído e de consulta relevantes.

O capítulo 3 descreve a nossa nova metodologia e os seus componentes.

O capítulo 4 conclui os resultados e a discussão da tese. E, em seguida, o capítulo 5 apresenta uma conclusão do nosso trabalho.

3. REVISÃO DA LITERATURA

Introdução

Este capítulo contém material de apoio que servirá de introdução aos conceitos necessários para a compreensão da tese e do método.

O material de apoio foi escrito sobre bases de dados distribuídas e a sua estrutura, solução para resolver a heterogeneidade na base de dados, processamento de consultas, etc.

Arquitetura do sistema de integração de dados

Como referido na introdução, os principais atributos de um sistema de integração de dados são a sua capacidade de apresentar um esquema integrado e mediado para consulta pelo utilizador, a capacidade de traduzir ou reformular esta consulta para combinar informações das várias fontes de dados de acordo com as suas relações com o esquema mediado e a capacidade de executar esta consulta nas várias fontes de dados locais e remotas. Um sistema de integração de dados varia um pouco em relação a um sistema de base de dados normal: tem pouco ou nenhum subsistema de armazenamento físico e, normalmente, não tem capacidade para exprimir actualizações, mas necessita de capacidades de tradução de consultas e da capacidade de ir buscar dados a fontes remotas. Os componentes típicos de um sistema de integração de dados são ilustrados na Figura 2.1 e consistem no seguinte:

Aplicação ou interface interactiva do utilizador

Normalmente, o iniciador das consultas e o consumidor das respostas será uma interface de utilizador interactiva, baseada em GUI, lógica de aplicação personalizada ou uma aplicação baseada na Web. Em geral, este consumidor de dados necessita de respostas iniciais rápidas para que possa fornecer um feedback precoce ao utilizador. Além disso, muitas aplicações colocarão questões exploratórias ad-hoc que podem ser terminadas antes de serem concluídas.

Re-formulador de consultas

A consulta inicial será normalmente colocada em termos de um esquema mediado, um esquema unificado único. A mediação de esquemas baseia-se na expressão das relações entre o esquema global e as fontes de dados através de definições de vistas. Foram propostas duas classes de técnicas: local-as-view, que define as fontes como vistas sobre o esquema mediado, e global-as-view, que define o esquema mediado como uma vista sobre as fontes (ver [8] para mais pormenores). A mediação global-como-vista tem a vantagem de as consultas de esquemas mediados poderem ser simplesmente fundidas com as definições de vistas (. unfolded.) para obter a consulta completa. A mediação local-como-visão exige uma reformulação mais complexa da consulta [9-13], mas tem-se revelado mais expressiva. Assim, a maioria dos sistemas modernos de integração de dados utilizam-na (ou um híbrido das duas técnicas, como em [10, 13]). O trabalho em algoritmos de reformulação de consultas tem sido um dos principais objectivos dos investigadores de bases de dados da Universidade de Washington: Os autores da UW contribuíram com os algoritmos bucket [14] e MiniCon [12].

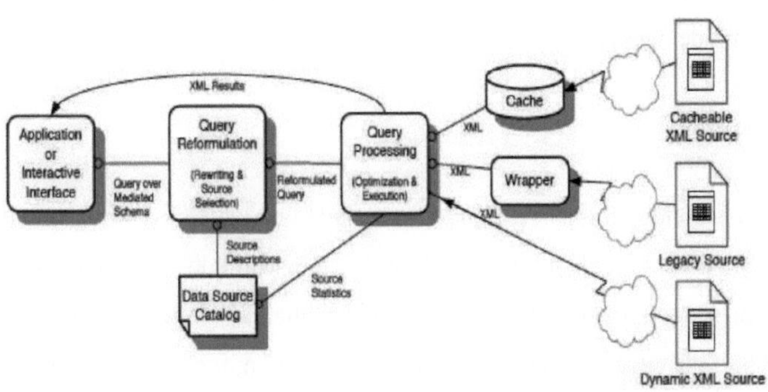

Figura 2.1: Diagrama da arquitetura de integração de dados. A aplicação ou interface de utilizador coloca uma consulta sobre o esquema mediado. O reformulador utiliza dados do catálogo de fontes de dados para reescrever esta consulta de modo a referenciar fontes de dados reais. O processador de consultas encontra um plano ótimo para executar esta consulta e, em seguida, vai buscar dados às fontes (em alguns casos, através de um invólucro ou cache) e combina-os para devolver o conjunto máximo de respostas.

O trabalho existente em matéria de reformulação de consultas tem-se centrado em consultas conjuntivas sobre dados puramente relacionais. No entanto, o modelo de dados mais natural para a integração de múltiplos esquemas é o da XML (ver [15]), uma vez que este modelo de dados é suficientemente geral para acomodar fontes de dados hierárquicos, orientados para objectos, documentos e relacionais. Espera-se, portanto, que uma consulta de integração de dados seja normalmente efectuada em XQuery [16], a linguagem de consulta normalizada que está a ser desenvolvida para XML.

Processador de consultas

O processador de consultas recebe o resultado do reformulador de consultas. Uma consulta sobre as fontes de dados reais (talvez incluindo a especificação de certas fontes alternativas), e tenta optimizá-la e executá-la. A otimização da consulta tenta encontrar a árvore de avaliação de operadores mais desejável para a execução da consulta (de acordo com um objetivo específico, por exemplo, quantidade de trabalho, tempo de conclusão) e o motor de execução da consulta executa o plano de consulta específico produzido pelo optimizador. O processador de consultas pode, opcionalmente, registar informações estatísticas de perfil no catálogo da fonte de dados.

Colocação de dados

Num SGBD distribuído, coloca-se a questão de onde armazenar os dados. Os dados podem ser armazenados centralmente num local, divididos e distribuídos por um conjunto de locais, armazenados na sua totalidade em todos os locais, ou qualquer solução intermédia. As opções são infinitas. É difícil saber antecipadamente qual é a melhor configuração para um determinado sistema.

Para melhorar o desempenho do processamento de consultas, um algoritmo de colocação de dados deve ter como objetivo colocar os dados de forma a que possam ser acedidos eficientemente. Se os dados estiverem armazenados em locais diferentes daqueles onde são utilizados, têm de ser acedidos remotamente.

Normalmente, os acessos remotos são muito mais lentos do que os acessos locais, uma vez que os dados têm de ser obtidos através de uma rede. O ideal seria então armazenar os dados de modo a que todos os acessos fossem locais, mas infelizmente isso nem sempre é possível. Além disso, é de esperar que ocorram falhas, o que significa que os dados devem ser replicados para sobreviver a falhas nos sítios. Isto também aumentará o número de sítios que podem aceder aos dados localmente, mas implica alguns custos adicionais para manter as réplicas actualizadas.

Fragmentação

O problema da colocação de dados pode ser dividido em três subproblemas: fragmentação, afetação de fragmentos e replicação. A fragmentação consiste em dividir uma tabela num conjunto de fragmentos de tabela.

A Figura 2.2 mostra duas formas de fragmentar uma tabela. A fragmentação pode ser feita horizontalmente, dividindo a tabela entre as linhas para que todos os atributos de uma tupla sejam armazenados juntos no mesmo fragmento. Também pode ser feita verticalmente, dividindo a tabela entre colunas. Com este último método, todos os fragmentos conteriam os atributos chave e um ou mais atributos para todas as tuplas. Este método é conhecido como armazenamento em colunas.

A fragmentação horizontal apresentada na Figura 2.2 é uma fragmentação em intervalos, em que cada fragmento consiste num intervalo contínuo de linhas. Também é possível que os fragmentos contenham um conjunto de linhas individuais de vários locais da tabela. Um exemplo de um método de fragmentação que resultaria em tais fragmentos é a fragmentação horizontal baseada no hash de atributos-chave. Este tipo de fragmentação ocorre se, por exemplo, for utilizado um DHT para armazenar tuplas da base de dados. A DHT coloca um item de dados num site com base no hash da chave do item, e todos os itens com chaves que tenham hashes para um valor no mesmo intervalo de endereços (ou seja, o intervalo do espaço de endereços da DHT pelo qual um site é responsável) pertencem ao mesmo fragmento.

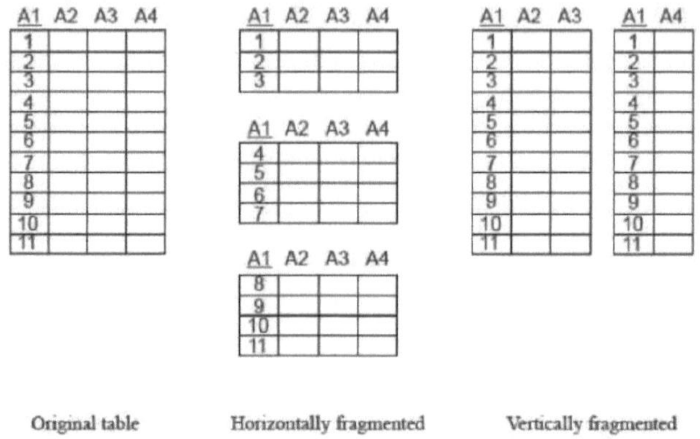

Figura 2.2: Fragmentação horizontal e vertical da tabela. O atributo Al é a chave.

O problema da fragmentação das tabelas de modo a que os dados sejam acedidos localmente na maior parte do tempo foi estudado exaustivamente [17-28]. Está também relacionado com alguma da investigação sobre a colocação de dados em sistemas de ficheiros distribuídos (ver um resumo em [29]). Uma das diferenças importantes entre os sistemas de ficheiros distribuídos e os sistemas de bases de dados é a granularidade. Enquanto os sistemas de ficheiros tratam de ficheiros e blocos de disco, os sistemas de bases de dados tratam de tabelas e tuplas. Os sistemas de bases de dados distribuídas também necessitam de um atributo de fragmentação que possa ser utilizado para definir regras de particionamento para a tabela.

Um modelo interessante para a colocação adaptativa e descentralizada de dados é o proposto para a Mariposa [21, 30], que utiliza um modelo económico com um sistema de licitação para se adaptar a cargas de trabalho variáveis. Um site Mariposa venderá os seus dados a quem fizer a melhor oferta num processo de licitação. As consultas comprarão dados para os ter acessíveis localmente em vez de se contentarem com acessos remotos e tempos de acesso elevados, mas têm orçamentos limitados.

O método da Mariposa é dinâmico, adaptando-se à situação no momento do planeamento da consulta, optimizando as consultas com grandes orçamentos.

Replicação

Uma terceira questão na colocação de dados é a replicação. Quantas réplicas deve haver de um único fragmento de tabela? A replicação é frequentemente pensada em conexão com a resiliência a falhas, uma vez que várias réplicas tornam o sistema mais redundante em relação a falhas no site, mas a redundância não é a única vantagem. A replicação pode resolver alguns dos problemas com vários sítios que disputam o mesmo fragmento, atribuindo o fragmento a todos eles. Desta forma, os acessos remotos são convertidos em acessos locais. Isto é uma vantagem desde que haja muitas operações de leitura, mas as operações de escrita tornam-se mais dispendiosas, uma vez que existem agora várias réplicas para atualizar. Isto também complica as operações de escrita, uma vez que pode haver requisitos de consistência que exijam que as actualizações sejam executadas simultaneamente em todas as réplicas.

Enquanto a fragmentação e a afetação de fragmentos estão normalmente integradas, a replicação tem sido estudada separadamente [31-36]. No entanto, existem alguns métodos que adoptam uma visão integral da fragmentação, atribuição e replicação [21-23]. Algumas das estratégias de replicação permitem a replicação dinâmica [31, 3336], criando novas réplicas quando necessário. No entanto, é preciso ter cuidado para que o custo da replicação dinâmica não exceda a alternativa de leituras e escritas remotas [32].

Processamento distribuído de consultas

Esta secção abrange sobretudo métodos gerais de processamento distribuído de consultas. Uma descrição mais pormenorizada desses métodos pode ser encontrada em [37].

A uma consulta apresentada a um sistema distribuído é atribuído um sítio coordenador, por exemplo, o sítio que foi contactado para apresentar a consulta. Este pode ser o mesmo sítio para todas as consultas, ou a função de coordenador pode ser distribuída de modo a que cada consulta tenha o seu próprio coordenador. O coordenador processa a consulta passando por quatro etapas básicas, mostradas na Figura 2.3.

O coordenador começa por decompor a consulta da forma que foi colocada pelo utilizador, normalmente SQL, para a forma algébrica que é utilizada internamente pelo sistema.

Após a decomposição, vem a etapa de localização dos dados, em que o sítio coordenador localiza os fragmentos de dados necessários para processar a consulta. O resultado é um plano de consulta básico que explica onde obter os dados e como calcular o resultado final.

Este plano de consulta é melhorado pelo passo do optimizador de consultas. O optimizador escolhe uma estratégia para a execução da consulta, incluindo a ordem de junção e a forma como os fragmentos de dados são pesquisados. Finalmente, a consulta optimizada é executada e é produzido um resultado que é devolvido ao utilizador.

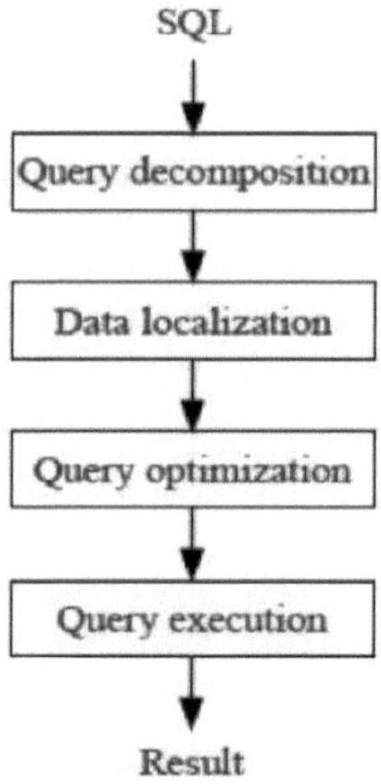

Figura 2.3: Quatro etapas do processamento distribuído de consultas.

A decomposição de consultas é uma tradução de uma linguagem de consulta para a linguagem de consulta interna do SGBD e é praticamente a mesma para sistemas centralizados e distribuídos, mas as etapas de localização, otimização e processamento merecem uma análise mais aprofundada. Num sistema real, estas etapas não são necessariamente separadas, mas podem integrar-se e sobrepor-se. No entanto, é mais fácil examiná-las uma a uma.

Localização de dados

A localização de dados é inexistente num sistema centralizado, uma vez que todos os dados necessários para a consulta estão localizados num único local. Num sistema distribuído, estes dados têm de ser encontrados. A consulta descreve quais tabelas são usadas e, em alguns casos, também um intervalo de valores para um atributo nessa tabela. Utilizando esta informação, o localizador tem de encontrar os sítios que armazenam os dados relevantes.

Os sistemas que armazenam tuplas diretamente numa DHT têm regras para a colocação de dados e sabem que todos os sítios têm potencialmente dados relevantes. Os itens de dados são recuperados um a um e não há necessidade de procurar antecipadamente quais os sítios envolvidos. No entanto, se os sítios forem autorizados a armazenar dados independentemente de uma DHT, é necessário um catálogo global.

O catálogo global armazena informações sobre onde os dados estão localizados, ou seja, um mapeamento entre tabelas ou intervalos de dados de tabelas e locais. Esse catálogo pode ser centralizado ou distribuído.

Num SGBD distribuído de grandes dimensões, uma parte importante da etapa de localização consiste em excluir os sítios da consulta. Se os sítios não forem excluídos, cada consulta tem de ser transmitida a todos os sítios, o que leva a uma utilização ineficiente do sistema. A etapa de localização limita os sítios envolvidos àqueles que são realmente necessários para processar a consulta. O resultado da localização é um plano de consulta que descreve como e onde obter e processar dados para obter o resultado final.

Otimização de consultas

A otimização de consultas introduz uma série de melhorias no plano de consulta. Uma otimização significativa consiste em encontrar uma boa ordem de junção, uma vez que esta tem frequentemente um grande impacto no tempo de execução da consulta. Outras optimizações envolvem métodos de acesso. A etapa de localização encontrou índices primários e secundários relevantes, e o optimizador pode escolher um deles ou recorrer a uma pesquisa completa de uma tabela ou de um fragmento de tabela. Estas optimizações não são separadas, pelo que a existência de um índice pode afetar a ordem de junção.

O optimizador também tem a opção de escolher as réplicas. Pode escolher a réplica que se presume ser a mais rápida de aceder, ou pode optar por aceder a várias réplicas em paralelo para acelerar o acesso.

Uma análise da otimização de consultas pode ser encontrada em [38].

Execução de consultas

Existem duas estratégias básicas para a execução de consultas num sistema distribuído: envio de dados e envio de consultas.

A Figura 2.4 mostra como a execução é distribuída para ambas as estratégias para uma consulta que une três tabelas, T, U e V. A tabela T é dividida em dois fragmentos, T1 e T2, enquanto as outras duas tabelas consistem em um fragmento cada. Ao usar o envio de dados, toda a execução da consulta ocorre em um único site. Este pode ser o mesmo sítio para todas as consultas, ou seja, um sítio central de execução de consultas, mas também pode ser um sítio diferente para cada consulta. Em qualquer caso, há apenas um sítio que executa uma única consulta. Outros sítios envolvidos são utilizados como sítios de armazenamento de dados que apenas executam operações de leitura e escrita.

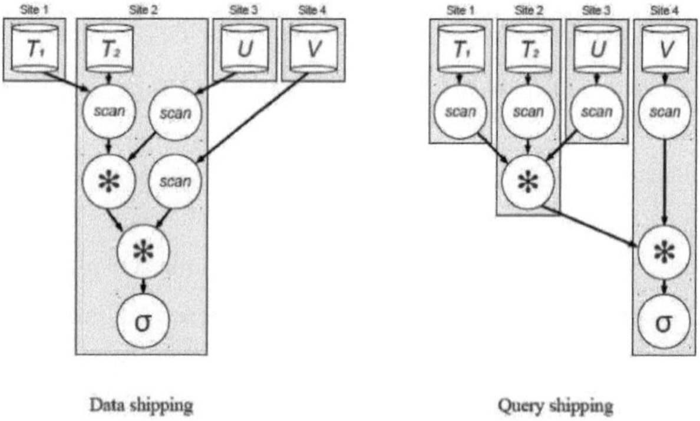

Figura 2.4: Envio de dados e consultas.

A estratégia de envio de dados move os dados para o local de execução da consulta. Um sistema de envio de consultas, por outro lado, move a consulta para os sítios que armazenam os dados. Se o resultado de um operador for utilizado por um operador noutro sítio, o sítio do primeiro operador enviará um resultado intermédio para o sítio seguinte. No final, o último operador produz o resultado final que é enviado de volta ao utilizador.

O optimizador decide que operações algébricas devem ser executadas em que locais. Uma estratégia é reduzir a quantidade de dados transferidos entre os locais, o que normalmente significa que o maior número possível de operações é efectuado localmente, onde os dados estão armazenados. Se um operador utilizar dados de dois locais, o operador está localizado no local que tem o maior operando, o que faz com que apenas o operando mais pequeno seja enviado através da rede.

O processamento de consultas em grandes sistemas distribuídos apresenta novos problemas para os proprietários de dados. Um deles é a questão da confiança num sítio fornecido pela nuvem para executar corretamente as consultas.

Os proprietários dos dados podem assinar criptograficamente os dados para garantir que as alterações são descobertas, mas os resultados dos operadores de consulta são mais difíceis de verificar [39]. Além disso, há uma questão de privacidade. Nem todos os dados podem ser compartilhados com o provedor de nuvem, e a execução eficiente de consultas sensíveis à privacidade é um tópico de pesquisa atual [40].

Operadores distribuídos

A Figura 2.4 mostra um sistema de envio de consultas em que cada operador de álgebra relacional é processado num único sítio. Também é possível distribuir o processamento de um operador. Um exemplo disto é a utilização de uma árvore de redução para processar consultas de agregação, como é feito, por exemplo, em TAG [41]. É construída uma árvore de sítios e cada nó da árvore produz um agregado parcial que abrange os seus próprios dados. Os nós internos da árvore combinam o seu próprio agregado parcial com os dos seus filhos, propagando os agregados parciais dos nós folha em direção à raiz. A raiz produz o valor agregado final que abrange todos os sítios.

Outro exemplo de operadores distribuídos é o operador equijoin, tal como implementado no

PIER [42]. A junção de redistribuição baseada em hash explora a função de hashing da DHT subjacente para efetuar a correspondência de atributos de junção. Ambos os operandos são inseridos na DHT utilizando o atributo de junção como chave. Isto resulta em tuplas com chaves correspondentes de ambos os operandos a serem armazenadas no mesmo sítio. Cada sítio junta então os tuplos que recebeu e envia o resultado de volta para o coordenador. Este processamento é semelhante a um MapReduce [43] que utiliza a função de hashing para mapear e juntar para reduzir. O MapReduce também pode ser utilizado como uma estrutura para executar consultas [44, 45]. As consultas são decompostas numa representação de operações especializadas de mapeamento e redução que são depois executadas numa nuvem, por exemplo, Hadoop. A execução tradicional de consultas e o MapReduce são úteis para diferentes tipos de consultas [46], pelo que foram criados sistemas que combinam técnicas de SGBD paralelos e MapReduce e selecionam o melhor método para cada consulta [47, 48].

Armazenamento em cache dos resultados da consulta

O princípio da localidade estabelece que os acessos são agrupados de modo a que um processo que aceda a um determinado item de dados tenha mais probabilidades de voltar a aceder ao mesmo item ou a itens muito próximos do que de aceder a outros itens de dados. Este princípio pode ser aplicado a uma única consulta, a uma transação, a um sítio ou a toda a carga de trabalho de uma consulta distribuída. Este princípio nem sempre é válido, mas quando o é, permite poupar tempo através da colocação de dados em cache.

Os SGBDs normalmente armazenam em cache blocos de disco para acelerar o acesso ao disco. Um SGBD distribuído pode também armazenar em cache os dados recebidos de outros sítios. A um nível mais elevado, é possível armazenar em cache partes de tabelas [41, 49, 50]. O coordenador pode ter ordenado uma pesquisa indexada num fragmento de tabela noutro sítio e pode armazenar em cache o conteúdo que recebe. Isto continua a ser a colocação em cache dos dados em bruto necessários para processar as consultas, mas a um nível mais elevado do que a colocação em cache de blocos de disco. Os resultados estão prontamente disponíveis se a mesma operação for solicitada num momento posterior.

A utilização de uma cache de resultados que armazena em cache o resultado final de uma consulta foi implementada no MySQL [51]. Os resultados finais das consultas SELECT são guardados em cache e, se a mesma consulta voltar a ocorrer, é respondida a partir da cache se ainda for válida. A consulta tem de ser exatamente a mesma na forma SQL, byte a byte, para que a cache possa ser utilizada. A cache de resultados dá bons resultados em sistemas em que os clientes colocam frequentemente a mesma questão, por exemplo, um sítio Web que mostra as últimas dez entradas no seu ecrã principal. Uma cache semelhante está disponível no Oracle 11g [52], mas a cache é solicitada explicitamente pelo cliente.

Ao contrário das caches de resultados, a cache semântica [53] e a cache baseada em predicados [54] são dois métodos que tentam explorar os resultados armazenados em cache também quando a nova consulta não corresponde completamente à consulta armazenada em cache. Estes métodos acrescentam descrições semânticas aos dados armazenados em cache e utilizam-nas posteriormente para fazer corresponder as novas consultas às entradas da cache. Isto significa que mais consultas podem reutilizar o resultado já armazenado em cache.

Quando uma consulta é colocada num sistema deste tipo, a cache é verificada em busca de entradas de cache descritas semanticamente que sejam semelhantes à nova consulta. Se tal entrada for encontrada, a consulta é dividida em duas consultas: uma consulta que lê a partir da cache e uma consulta remanescente que se baseia nos dados da cache para construir o resultado originalmente solicitado pela nova consulta. Se a entrada em cache contiver mais informações do que as necessárias para a nova consulta, ela será reduzida. No entanto, se a entrada em cache não for suficiente para responder à nova consulta, a consulta restante tem de ir buscar esses dados e fundi-los com a entrada em cache. Isto pode incluir juntar o resultado da cache com uma nova tabela, alargar os intervalos das cláusulas WHERE e outras limitações. O sistema tem de ter cuidado para que a consulta remanescente e a fusão do resultado da consulta remanescente com a entrada na cache não sejam mais dispendiosas do que a nova consulta era originalmente.

Se a construção de uma consulta remanescente for bem sucedida, a cache semântica produz pouco overhead e reduz o tráfego de rede no SGBD distribuído [55, 56].

A cache semântica também foi aplicada a bases de dados dedutivas [57] e a sistemas de consulta da Web [58, 59].

O formato XML e o modelo de dados

A XML tem origem na comunidade documental e, de facto, é um subconjunto simplificado da linguagem SGML (Standard Generalized Markup Language) utilizada para marcar documentos. A um nível elevado, a XML é um formato de dados hierárquico muito simples, no qual os pares de etiquetas de abertura e fecho e o seu conteúdo formam elementos. Dentro de um elemento, pode haver elementos aninhados; além disso, cada elemento pode ter zero ou mais atributos. Do ponto de vista da base de dados, a diferença entre um atributo e um elemento é muito pequena - os atributos só podem conter valores escalares, um atributo só pode ocorrer uma vez por elemento e os atributos não estão ordenados uns em relação aos outros. Os elementos, por outro lado, podem ser repetidos várias vezes, podem incluir dados de elementos ou escalares e estão ordenados uns em relação aos outros. A Figura 2.5 apresenta um exemplo de documento XML que representa dados de livros.

```
<db>
 <book publisher="mkp">
   <title>Readings in Database Systems</title>
   <editor>Stonebraker</editor>
   <editor>Hellerstein</editor>
   <isbn>123-456-X</isbn>
 </book>
 <book publisher="mkp">
   <title>Transaction Processing</title>
    <author>Bernstein</author>
    <author>Newcomer</author>
    <isbn>235-711-Y</isbn>
  </book>
  <company ID="mkp">
    <name>Morgan Kaufmann</title>
    <city>San Mateo</city>
    <state>CA</state>
  </company>
</db>
```

Figura 2.5: Exemplo de documento XML que representa dados de livros e editoras.

Um documento XML é totalmente analisável e "bem formado" se cada etiqueta de abertura tiver uma etiqueta de fecho correspondente e se os pormenores da sintaxe XML forem respeitados. No entanto, normalmente, a estrutura do documento XML é limitada por um esquema. Existem duas normas para a especificação de esquemas em XML: DTDs e esquemas XML.

A DTD, ou Definição de Tipo de Documento, estabelece restrições às etiquetas XML, mas fá-lo de uma forma muito vaga. Uma DTD é essencialmente uma gramática EBNF que restringe o conjunto de hierarquias de elementos e atributos XML legais. A DTD também identifica explicitamente dois tipos especiais de atributos: IDs e IDREFs. Um atributo do tipo ID tem um valor único para cada elemento do documento em que está contido, o que constitui, na sua essência, uma chave no âmbito de um documento. Os atributos do tipo IDREF e IDREFS, por sua vez, formam referências a IDs específicos num documento. Uma IDREF contém uma única referência a um ID; um atributo IDREFS contém uma lista de IDs delimitados por espaços. A especificação XML obriga a que nenhuma IDREF num documento possa formar referências pendentes.

O XML Schema é uma norma mais recente destinada a suplantar a DTD. As principais vantagens do esquema são o suporte de tipos de elementos e subclasses, o suporte de informações de tipo mais ricas sobre valores (por exemplo, números inteiros, datas, etc.) e o suporte de chaves e chaves estrangeiras. Infelizmente, o esquema é uma norma muito complexa, com muitas expressões idiomáticas relacionadas, mas ligeiramente diferentes (por exemplo, diferentes tipos de herança, suporte para subtipagem estrutural e subtipagem de nomes), e não existe um modelo de dados subjacente limpo que acompanhe a norma.

O modelo de dados XML-QL

Atualmente, com o advento das normas propostas, a linguagem de consulta XML-QL [60] perdeu popularidade, pelo que se poderia argumentar que o seu modelo de dados é irrelevante. No entanto, o modelo de dados é um mapeamento da XML para um verdadeiro modelo de dados semi-estruturado, pelo que tem algumas caraterísticas interessantes que faltam nas normas recentes, caraterísticas essas que podem ser importantes para determinadas aplicações.

No modelo de dados XML-QL, cada nó recebe uma etiqueta única (ou o atributo ID do nó ou um ID gerado pelo sistema). Um nó de um dado elemento pode ser anotado com pares atributo-valor; tem arestas etiquetadas dirigidas aos seus subelementos e a quaisquer outros elementos que referencie através de atributos IDREF.

O modelo de dados da XML-QL tem apenas um suporte limitado para a ordem: os irmãos têm índices que registam a sua ordem relativa, mas não a posição absoluta, pelo que a comparação da ordem de nós arbitrários é difícil e exige uma comparação recursiva das ordens relativas dos nós antepassados (a partir da raiz). Além disso, o modelo de dados da XML-QL não distingue entre arestas de subelementos e arestas de IDREF; por conseguinte, um dado grafo pode ter mais do que uma representação XML correta.

O modelo de dados de consulta XML

O modelo de dados XML Query (XQuery) do World Wide Web Consortium [15] baseia-se em árvores marcadas por nós, em que as IDREF existem mas têm de ser dereferenciadas explicitamente. O modelo XQuery completo deriva do XML Schema [61] ou, pelo menos, de uma abstração mais simples do mesmo, designada MSL [62]. Este modelo de dados tem muitas complexidades: os elementos têm tipos que podem fazer parte de uma hierarquia de tipos; os tipos podem partilhar partes da sua subestrutura ("grupos de elementos"); os elementos podem ser chaves ou chaves estrangeiras; os valores escalares podem ter domínios restritos de acordo com tipos de dados específicos; e o modelo também suporta conceitos XML como entidades, instruções de processamento e até comentários.

Além disso, qualquer nó no modelo de dados XQuery tem ligações implícitas aos seus filhos, aos seus irmãos e ao seu pai, pelo que as travessias podem ser efectuadas para cima, para baixo ou para os lados na árvore.

Para efeitos desta tese, a maior parte das caraterísticas relacionadas com o tipo de XQuery são irrelevantes para o processamento de consultas normalizadas do tipo base de dados, pelo que discutirei apenas um subconjunto limitado do modelo de dados XQuery, que se centra em elementos, atributos e dados de caracteres e que inclui informações sobre ordens.

2.8 Consultar dados XML

Nos últimos anos, foram propostas numerosas linguagens de consulta para XML, mas recentemente o World Wide Web Consortium tentou normalizá-las com a especificação da linguagem XQuery [16]. A linguagem XQuery foi concebida para extrair e combinar sub-árvores de um ou mais documentos XML. A expressão XQuery básica consiste numa estrutura de cláusulas For-Let-Where-Retum (normalmente conhecida como expressão "flor"): a cláusula For fornece uma série de expressões XPath para selecionar os nós de entrada, a cláusula Let define de forma semelhante expressões com valores de coleção, a cláusula Where define predicados de seleção e junção e a cláusula Return cria a estrutura XML de saída. As expressões XQuery podem ser aninhadas numa cláusula Return para criar uma saída hierárquica e, tal como a OQL, a linguagem foi concebida para ter expressões modulares e compassáveis. Além disso, XQuery suporta várias caraterísticas para além de SQL e OQL, tais como funções recursivas arbitrárias.

A XQuery engloba a maioria das operações da SQL e o processamento geral das consultas XQuery é extremamente semelhante, com as seguintes diferenças fundamentais.

```
<result> {
  FOR $b IN document("books.xml")/db/book,
      $t IN $b/title/data(),
      $n IN $b/(editor|author)/data()
  RETURN <item>
           <person>{ $n }</person>
           <pub>{ $t }</pub>
         </item>
} </result>
```

Figura 2.6: Consulta XQuery que encontra os nomes das pessoas que publicaram e as suas publicações. A cláusula For especifica expressões XPath que descrevem passagens sobre a árvore XML e liga as sub-árvores a variáveis (prefixadas com sinais de dólar).

3.1Correspondência de padrões de entrada (Iteração)

Pode considerar-se que a execução de XQuery começa com uma fase de ligação de variáveis: as expressões For e Let XPath são avaliadas como passagens pela árvore do modelo de dados, começando na raiz. A árvore que corresponde ao final de um XPath é vinculada à variável da cláusula For ou Let. Se um XPath tiver várias correspondências, uma cláusula For iterará e associará sua variável a cada uma delas, executando as cláusulas Where e Return da consulta para cada atribuição. A cláusula Let devolverá a coleção de todas as correspondências como a sua ligação de variável. Uma consulta normalmente tem várias atribuições For e Let, e cada combinação legal dessas atribuições é considerada uma iteração sobre a qual a expressão da consulta deve ser avaliada.

Um exemplo de XQuery aparece na Figura 2.6. Podemos ver que a variável $b é atribuída a cada subelemento de livro sob o elemento db no documento books.xml; $t é atribuído ao título de um determinado livro $b, e assim por diante. No meu trabalho de tese, assumo uma versão alargada do XPath que permite a disjunção ao longo de qualquer aresta (por exemplo, $n pode ser tanto um editor como um autor), bem como um operador estrela Kleene do tipo expressão regular (não mostrado).

```
<result>
  <item>
    <person>Stonebraker</person>
    <pub>Readings in Database Systems</pub>
  </item>
  <item>
    <person>Hellerstein</person>
    <pub>Readings in Database Systems</pub>
  </item>
  <item>
    <person>Bernstein</person>
    <pub>Transaction Processing</pub>
  </item>
  <item>
    <person>Newcomer</person>
    <pub>Transaction Processing</pub>
  </item>
</result>
```

Figura 2.7: O resultado da aplicação da consulta da Figura 2.6 aos dados XML.

O resultado é uma série de combinações pessoa-editora, aninhadas dentro de

um único elemento de raiz de resultado.

No exemplo, podem ser possíveis várias combinações de correspondências, pelo que o processo de ligação de variáveis é efectuado da seguinte forma. Primeiro, a variável $b é ligada ao primeiro livro que ocorre. Depois, as variáveis $t e $n são ligadas por ordem a todos os subelementos de título e editor ou autor correspondentes, respetivamente. Cada emparelhamento possível de valores $t e $n para uma dada ligação $b é avaliado numa iteração separada; depois o processo é repetido para o valor seguinte de $b. Observamos que este processo é virtualmente idêntico a uma consulta relacional em que juntamos livros com os seus títulos e autores.

Construção de resultados XML

A cláusula Return especifica um construtor XML estruturado em árvore que é produzido em cada iteração, com as variáveis substituídas pelos seus valores vinculados. Observe que as variáveis em XQuery são frequentemente vinculadas a sub-árvores XML em vez de valores escalares. O resultado da consulta de exemplo aparece na Figura 2.7.

Uma das principais expressões idiomáticas utilizadas em XQuery é uma expressão de flor correlacionada aninhada na cláusula Return. A subexpressão aninhada devolve uma série de elementos XML que satisfazem a correlação para cada iteração da consulta externa; assim, uma coleção de elementos é aninhada dentro de cada elemento externo. Isto produz uma relação "um-para-muitos" entre os elementos pai e filho na saída XML. Note-se que este tipo específico de consulta não tem um equivalente exato nas bases de dados relacionais, mas tem muitas semelhanças com uma subconsulta correlacionada em SQL.

Consulta de XML para integração de dados

Até este ponto, discutimos os princípios gerais da consulta de um documento ou base de dados XML, incluindo modelos de dados, linguagens de consulta e aspectos únicos. A nossa discussão assumiu que os dados XML estão disponíveis através de uma base de dados local ou de uma fonte de dados materializada, por exemplo, um documento XML num servidor Web local.

No entanto, o contexto da integração de dados oferece uma variação interessante deste padrão: por vezes, os dados XML podem ser acessíveis apenas através de uma consulta dinâmica específica, como resultado de uma "vista XML virtual" sobre uma fonte de dados subjacente (por exemplo, um sistema de publicação XML para uma base de dados relacional, como [63, 64], ou uma interface de formulários Web, como os da Amazon.com). Esta consulta pode necessitar de pedir conteúdos da fonte de dados de acordo com um valor específico (por exemplo, livros da Amazon com um determinado autor).

Por outras palavras, um sistema de integração de dados pode necessitar de ler um conjunto de valores de uma ou mais fontes de dados, utilizá-los para gerar uma consulta dinâmica a uma fonte de dados "dependente" e, em seguida, combinar os resultados para criar uma resposta à consulta. O XQuery suporta atualmente uma forma limitada de consultas dinâmicas, com base em pedidos CGI sobre HTTP, e o grupo de trabalho está a considerar a adição de funções especiais para suportar plenamente estas caraterísticas noutros protocolos, como o SOAP.

4. METODOLOGIA

4.1Introdução

A maior parte das aplicações Web contêm muitas informações para o utilizador. As aplicações Web podem ser utilizadas pelos utilizadores para obter informações sobre entretenimento, educação, saúde, etc. Esta tendência para a utilização de aplicações Web, o processo de rede distribuída e a enorme quantidade de dados na Internet levaram à necessidade de um processamento inteligente para responder às necessidades dos utilizadores [65]. Uma das questões mais difíceis na área das redes e da Internet é saber como encontrar e obter dados entre os numerosos dados relevantes e irrelevantes. É necessário garantir que a consulta da Web é capaz de procurar e obter informações adequadas à pesquisa do utilizador. Assim, a questão considerada na aplicação Web é o processamento de consultas Web. O problema do processamento de consultas na Web é o baixo grau de obtenção de informação relevante [65]. O aumento da quantidade de dados na Internet e a introdução do termo "Big data" também afectaram os motores de processamento de consultas na Web. Este problema prende-se com a falta de uma metodologia e de uma plataforma inteligentes nos motores de processamento de consultas na Web. Foram identificados e resolvidos dois objectivos nesta investigação. Em primeiro lugar, a integração de bases de dados heterogéneas e, em segundo lugar, a criação de um algoritmo inteligente e a implementação de XML no processamento de consultas na Web para aceder a bases de dados heterogéneas. Para melhorar o processamento de consultas na Web, esta implementação é necessária. Uma vez que a escolha de dados relevantes a partir desta grande quantidade de dados na Internet em tempo de resposta adequado é um dos desafios para o utilizador, ao aumentar o desempenho do processamento de consultas na Web, as aplicações da Internet serão capazes de recuperar e mostrar a informação relevante ao utilizador. Com este trabalho de investigação, a arquitetura é concebida e a sua implementação demonstra a sua adequação.

4.2Bases de dados heterogéneas

Um dos novos desafios no domínio das bases de dados é considerado uma base de dados heterogénea. Recentemente, a maioria dos investigadores tem tentado desenvolver e melhorar métodos inteligentes de integração e consulta de dados no domínio dos recursos de bases de dados heterogéneas. Com o aumento sem precedentes da disponibilidade de informação, a

World Wide Web ("WWW") gerou uma necessidade crítica de métodos novos e robustos, que simplificam a consulta e a integração de dados [66]. De investigações anteriores conclui-se que os investigadores se concentram em melhorar as técnicas e metodologias de integridade das bases de dados. O objetivo é integrar dados de bases de dados distribuídas, recentemente designadas por grandes volumes de dados, reduzindo o tempo de resposta e aumentando o desempenho e a precisão das bases de dados [67]. Para melhorar a eficiência do processamento global, uma das ideias é a utilização de um esquema de integração global unificado, como o esquema relacional. Esta ideia é eficiente na consulta da Web e na integridade dos dados, mas a questão é que a gestão dos esquemas globais se torna difícil à medida que o número e o tipo de esquemas aumentam [66]. Os invólucros e os mediadores são considerados outras ideias para a integração de bases de dados. Estas abordagens são extremamente escaláveis e permitem a integração através do aumento do número de fontes de dados. Os dados não são armazenados no mediador, mas este fornece uma visão virtual das fontes integradas [68]. Neste documento, para melhorar o processamento de consultas na Web, são utilizadas bases de dados heterogéneas para gerir e tratar grandes quantidades de dados.

4.3XML

4.4Fortes do SOAP

Ambientes heterogéneos

O SOAP é heterogéneo devido à sua capacidade de funcionar em qualquer plataforma, em qualquer sistema operativo, em qualquer ambiente informático, com qualquer linguagem de programação e através de qualquer protocolo. É esta heterogeneidade que fez do SOAP um middleware popular entre sistemas antigos. Um cliente de script perl pode invocar e obter dados de um serviço Web que é um front end para um sistema de mainframe com a capacidade de extrair dados que anteriormente estavam bloqueados.

Existem algumas aplicações em grande escala desta tecnologia no mundo real. A Universidade da Califórnia em Berkeley começou a implementar serviços Web para muitos dos seus sistemas antigos, numa base de teste, em meados de 2002.

No front end, os utilizadores podiam aceder através da marcação de um único número ou utilizar um endereço IP a partir de qualquer dispositivo para receberem as suas mensagens de correio eletrónico, mensagens de voz, faxes, calendários e informações de programação. O sistema também permitia que os chamadores obtivessem dados pessoais dos sistemas back-end, como o acesso a informações médicas ou de inscrição, bem como a disponibilidade de aulas.

Todos estes sistemas já existiam no campus universitário, mas como silos distintos de informação, os serviços Web tornaram possível ligar as redes existentes numa única plataforma de aprovisionamento [72].

4.5Baseado em XML

4.6 Independente de plataforma

O SOAP é o protocolo de passagem de mensagens e não está ligado a uma única plataforma. Este é um dos pontos que contribuem para a natureza heterogénea dos serviços Web. Se o SOAP estivesse ligado a uma única plataforma, seria impossível fazer um pedido RPC a um servidor, sobre o qual não se sabe nada, e esperar que funcionasse. Isto permite que um cliente e um servidor, escritos em qualquer linguagem, em qualquer plataforma, possam comunicar. Um problema que surge quando se lida com diferentes plataformas e diferentes sistemas operativos é o tamanho dos tipos básicos de variáveis, tais como: inteiros, flutuantes, etc. O SOAP evita estes problemas utilizando o esquema XML para definir alguns tipos básicos sobre os quais são construídos. O conhecimento destes tipos básicos permite que cada plataforma tenha a capacidade de interoperar, empacotando as variáveis no formato correto e mapeando-as para o seu próprio sistema de tipos interno.

4.7Transporte independente

Uma vez que o SOAP é apenas o protocolo de mensagens, pode ser transmitido através de qualquer protocolo de transporte.

Isto inclui protocolos síncronos e assíncronos, tais como HTTP, SMTP,

BEEP, Jabber e outros. Permitindo ao SOAP e aos serviços Web a flexibilidade necessária para se adaptarem ao futuro da Internet. À medida que os protocolos forem substituídos, actualizados ou obsoletos, o SOAP encontrará novas formas de continuar a enviar mensagens através da Internet.

4.8Interoperabilidade

A capacidade do SOAP para funcionar entre plataformas e sistemas operativos permite um elevado grau de interoperabilidade. Muitas empresas estão a utilizar SOAP para se ligarem a sistemas antigos, extraindo os dados como mensagens SOAP que podem ser enviadas e consumidas por outras aplicações. O SOAP torna-se a cola entre diferentes interfaces de aplicações que nunca puderam interoperar anteriormente. É capaz de o fazer porque os dados são codificados em XML.

O XML é basicamente um ficheiro de texto Unicode com marcação estruturada. Dado que o ASCII é uma norma para todas as plataformas e que o XML Unicode pode ser representado em ASCII, pode ser lido em várias plataformas, aumentando a interoperabilidade [73].

4.9Algoritmo inteligente para processamento de consultas na Web

4.10 Envio de palavra-chave para o servidor

Nesta secção, a palavra-chave enviada pelo utilizador da Web será enviada para o serviço Web SOAP, sendo convertida em XML, como mostra a figura 3.3.

```
<?xml version="1.0" encoding="UTF-8"?>
<S:Envelope xmlns:S="http://schemas.xmlsoap.org/soap/envelope/"
xmlns:SOAP-ENV="http://schemas.xmlsoap.org/soap/envelope/">
    <SOAP-ENV:Header/>
    <S:Body>
        <ns2:search xmlns:ns2="http://package.me.org/">
            <keyword>Data Mining Information</keyword>
        </ns2:search>
    </S:Body>
</S:Envelope>
```

Figura 3.3: Pedido SOAP

4.11 Estrutura do IntelligentAlgorithm

4.12 Mapeamento XML

Depois de criar a consulta de correspondência, esta deve ser convertida num documento XML e depois enviada para o servidor da base de dados para o processo de pesquisa e recuperação.

O documento XML contém seis consultas para esta palavra-chave "K", que é apresentada na figura 3.7.

```xml
<fetch mapping="logical">
 <entity name="table">
  <all-attributes />
  <filter type="or">
   <filter type="or">
    <filter type="or">
     <filter type="or">
      <filter type="or">
       <filter>
        <condition attribute="title" operator="eq" value="Data Mining Information" />
       </filter>
       <filter>
        <condition attribute="title" operator="eq" value="Data Information Mining" />
       </filter>
      </filter>
      <filter>
       <condition attribute="title" operator="eq" value="Information Data Mining" />
      </filter>
     </filter>
     <filter>
      <condition attribute="title" operator="eq" value="Information Mining Data" />
     </filter>
    </filter>
    <filter>
     <condition attribute="title" operator="eq" value="Mining Information Data" />
    </filter>
   </filter>
   <filter>
    <condition attribute="title" operator="eq" value="Mining Data Information" />
   </filter>
  </filter>
 </entity>
</fetch>
```

Figura 3.7: Documento XML

Depois de os dados serem encontrados, o resultado é convertido num documento XML. Por fim, o resultado é apresentado ao utilizador da Web através do carregamento do documento XML. Com base no exemplo abaixo, a aplicação de XML é eficiente e eficaz no processamento de consultas na Web para acesso a bases de dados heterogéneas.

4.13 Arquitetura e implementação do sistema

A figura 3.8 mostra que foi implementado um protótipo de arquitetura utilizando J2EE e SOAP. Além disso, a aplicação simples do lado do cliente foi desenvolvida utilizando Java Server Page (JSP).

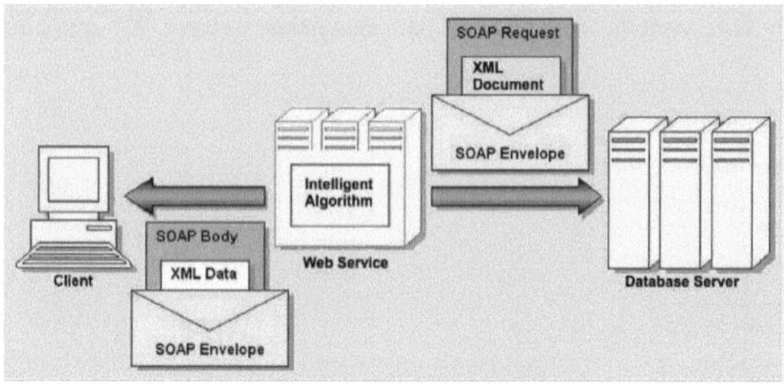

Figura 3.8: Arquitetura do sistema

Na figura 7, são apresentadas três secções, nomeadamente o lado do cliente, o servidor de aplicações e o servidor de bases de dados. O utilizador de uma aplicação Web introduz uma palavra-chave como "Base de dados heterogénea versus base de dados homogénea", "Métricas de desempenho da base de dados", etc. Esta palavra-chave será transmitida ao servidor de aplicações através de SOAP ("Simple Object Access Protocol"). No servidor de aplicações, o componente principal é o algoritmo inteligente com seis partes principais: (1) Consulta inicial, (2) Pesquisa na cache, (3) Exploração da consulta, (4) Atribuição de uma consulta possível, (5) Correspondência da consulta e (6) Armazenamento na cache. No servidor da base de dados, foi utilizada a tecnologia Java para receber o pacote SOAP e enviá-lo de volta. As fontes de dados estão alocadas em diferentes locais, que podem ser acedidos através do servidor de base de dados.

4.14 Implementação

4.15 Consulta de amostra

Esta secção ilustra o funcionamento do nosso sistema utilizando um exemplo de consulta. Suponhamos que um utilizador da Web procura comprar livros. Suponha que um utilizador da Web procura comprar um livro sobre "Base de dados heterogénea versus base de dados homogénea".

A interface do utilizador é um sítio Web, que permite aos utilizadores da Web introduzir palavras-chave iniciadas (Figura 3.9). O utilizador solicita informações através de consultas submetidas ao sistema através de um formulário HTML. Uma vez submetida a consulta, esta é enviada para o servidor Web. Uma vez submetida a consulta, esta será definida como uma consulta inicial. Em seguida, esta consulta inicial será pesquisada na tabela de cache e, se o sistema não a encontrar e não obtiver nenhum resultado para a palavra-chave inicial, será explorada em cinco palavras. Depois, o processo seguinte é o refinamento de uma possível consulta. Este processo permite refinar e apresentar qualquer consulta possível. O segundo último módulo do lado do servidor Web é o processo de correspondência. Este processo comunica com o armazém de dados a fim de encontrar e fazer corresponder uma possível consulta a palavras-chave no armazém de dados, utilizando SOAP.

A última etapa no servidor Web consiste em adicionar a palavra-chave iniciada e o seu resultado foi armazenado na tabela de cache a partir do servidor da base de dados.

Os processos de código são efectuados no servidor Web e os resultados serão armazenados numa tabela de cache na rede local, de modo a que, da próxima vez que o utilizador procurar a mesma palavra-chave, o sistema não tenha de a procurar e recuperar a partir de um servidor de base de dados externo e da rede.

Na figura 3.10, todas as informações relevantes são apresentadas ao utilizador da Web. Todas estas informações relevantes baseiam-se em palavras-chave introduzidas pelo utilizador da Web e através de processos ou módulos no lado do servidor.

5. RESULTADOS E DISCUSSÃO

Na secção 3.8, foi executada uma consulta de amostra para "Base de dados heterogénea versus base de dados homogénea" e os seus resultados são apresentados na figura 3.10. Com base na nossa arquitetura e algoritmos, apenas os dados relevantes são apresentados como resultados.

Nesta secção, vamos mostrar os nossos resultados e compará-los com os resultados de [76], que foram implementados e executados no mesmo sistema operativo e hardware.

Como limitação e âmbito do nosso trabalho, devem ser consideradas as seguintes opções:

- Para mostrar a configuração heterogénea da base de dados, o número de esquemas é limitado a dois esquemas diferentes.
- O número de conjuntos de dados é de 2424 para cada um dos esquemas com dados diferentes.
- Implementação por:
- Java EE, MySQL, XML
- A especificação do hardware é:
- MacBook Pro, CPU 2,4 GHz Core I5, RAM 4GB

A tabela 4.1 mostra o número de consultas de amostra que foram executadas e o número de dados de relevância e o tempo de resposta que foi apresentado aos utilizadores da Web, tendo sido retirado de [76]. Como mostra a tabela, o trabalho deles é executado apenas para duas palavras-chave.

Sample Query	Number of Relevance Data	Assign to Possible Queries	Response Time
Data Mining	5	(Data Mining) or (Mining Data)	4 sec
Introduction to Data Mining	6	(Introduction to Data Mining) or (Mining)	3 sec
Information System	10	(Information System) or (System Information)	5 sec
Heterogeneous Database	11	(Heterogeneous Database) or (Database Heterogeneous)	5 sec
Biological Data	3	(Biological Data) or (Data Biological)	2 sec
Multimedia Data	10	(Multimedia Data) or (Data Multimedia)	4 sec
Science and Technology	4	(Science and Technology) or (Technology and Science)	2 sec

Tabela 4.1: Resultados do Anchor Paper [76]

A Tabela 4.2 mostra o número de consultas de amostra e o tempo de resposta, além da segunda execução por causa do envolvimento da cache, foram executados pelo novo algoritmo e usando SOAP em dois esquemas.

Sample Query	Number of Relevance Data	First Execution Time(S)	Second Execution Time(S)
Database and Data Mining Issues	3	0.286	0.255
Heterogeneous Database Versus Homogeneous Database	6	0.302	0.276
Database Performance Metrics	15	0.177	0.133
Data Mining Information	3	0.176	0.124
Information Retrieval	6	0.120	0.95
Heterogeneous Database	10	0.108	0.096
Information System	4	0.137	0.107
Multimedia Data	5	0.116	0.097
Science and Technology	5	0.128	0.102
Biological Data	6	0.119	0.092
Data Mining	19	0.82	0.60

Tabela 4.2: Novos resultados utilizando a nova estratégia e o novo algoritmo

Além disso, devido à precisão do número de dados relevantes e à redução do tempo de resposta, a tabela contém uma coluna suplementar denominada "Segundo tempo de execução", que mostra o tempo de resposta quando a consulta inicial é encontrada na tabela de cache. Os resultados da coluna "Second Execution Time" mostram que a utilização da cache reduz o tempo de resposta em cerca de 30% para 11%.

A Tabela 4.3 mostra o número de consultas de amostra e o tempo de resposta que foram executados pela implementação de [76] para serem usados na comparação com o nosso trabalho.

Sample Query	Possible Queries	Number of Relevance Data	First Execution Time(S)
Information Retrieval	(Information Retrieval) or (Retrieval Information)	5	0.194
Heterogeneous Database	(Heterogeneous Database) or (Database Heterogeneous)	10	0.120
Information System	(Information System) or (System Information)	2	0.138
Multimedia Data	(Multimedia Data) or (Data Multimedia)	2	0.146
Science and Technology	(Science and Technology) or (Technology and Science)	1	0.149
Biological Data	(Biological Data) or (Data Biological)	3	0.137
Data Mining	(Data Mining) or (Mining Data)	17	0.122

Tabela 4.3: Resultados do Anchor Paper [76] por implementação

A Tabela 4.4 mostra o número de consultas de amostra e o tempo de resposta que foram executados utilizando o novo algoritmo e método com as mesmas consultas de amostra que o documento de referência [76].

Sample Query	Possible queries	Number of Relevance Data	First Execution Time(S)	Second Execution Time(S)
Information Retrieval	(Information Retrieval) or (Retrieval Information)	6	0.120	0.95
Heterogeneous Database	(Heterogeneous Database) or (Database Heterogeneous)	10	0.108	0.096
Information System	(Information System) or (System Information)	4	0.137	0.107
Multimedia Data	(Multimedia Data) or (Data Multimedia)	5	0.116	0.097
Science and Technology	(Science and Technology) or (Technology and Science)	5	0.128	0.102
Biological Data	(Biological Data) or (Data Biological)	6	0.119	0.092
Data Mining	(Data Mining) or (Mining Data)	19	0.82	0.60

Tabela 4.4: Novos resultados com as mesmas consultas do artigo de referência [76]

Em comparação do nosso método e algoritmo com o antigo, é óbvio que, para além de o número de resultados relevantes ter aumentado para 80% em algumas consultas, o que é um bom resultado, o tempo de execução foi reduzido.

De facto, o segundo tempo de execução nos nossos resultados é mais reduzido devido à utilização da cache.

6. CONCLUSÃO

Com o aumento da quantidade de dados armazenados, o envio e a receção de informações através da Internet, surgiu a necessidade de uma nova estratégia para implementar o processamento de consultas na Web, melhorando o seu desempenho e precisão. Esta investigação mostra que o novo algoritmo e a nova estratégia melhoram o trabalho de Mohd Kamir Yusof, Ahmad Faisal Amri Abidin, Sufian Mat Deris e Surayati Usop.

Devido ao aparecimento de servidores de bases de dados heterogéneos na World Wide Web, muitas aplicações Web não conseguem ultrapassar este problema, uma vez que têm de efetuar as suas consultas a partir de todos os tipos de servidores de bases de dados, utilizando linguagens de bases de dados como SQL, OQL, XQUERY, etc. O XML é utilizado neste trabalho para ultrapassar este problema, uma vez que se trata de uma linguagem normalizada para a comunicação de máquinas através da rede.

Além disso, para implementar uma nova estratégia para o processamento de consultas na Web, introduzimos seis componentes principais para obter um novo algoritmo inteligente, que são o algoritmo inicial, a pesquisa na cache, a exploração da consulta, a atribuição de possíveis consultas, a correspondência da consulta e o armazenamento na cache.

A implementação foi desenvolvida utilizando J2EE e envolvendo SOAP. Os resultados mostram a precisão do número de dados relevantes e a redução do tempo de resposta do processamento de consultas Web.

Esta metodologia será implementada em situações reais como hospitais, bibliotecas, etc. e em diferentes domínios como a biotecnologia, a biomedicina, etc.

Referência:

1. Automóveis, http://www.cars.com.

2. Corretores de imóveis, http://www.realtor.com.

3. AutoTrader. http://www.autotrader.com.

4. Yahoo! Autos, http://autos.yahoo.com.

5. Househunt. http://www.househunt.com.

6. Agrawal, R., et al., *The Claremont report on database research.* ACM SIGMOD Record, 2008. 37(3): p. 9-19.

7. Tsakalozos, K., et al. *Flexible use of cloud resources through profit maximization and price discrimination,* in *Data Engineering (ICDE), 2011 IEEE 27th International Conference on.* 2011. IEEE.

8. Halevy, A.Y., *Answering queries using views: A survey.* The VLDB Journal, 2001. 10(4): p. 270-294.

9. Duschka, O.M. e M.R. Genesereth. *Answering recursive queries using views,* em *Proceedings of the sixteenth ACM SIGACT- SIGMOD-SIGART symposium on Principles of database systems.* 1997. ACM.

10. Friedman, M., A.Y. Levy, e T.D. Millstein, *Navigational plansfordata integration.* AAAI/IAAI, 1999. 1999: p. 67-73.

11. Qian, X. *Query folding,* em *Data Engineering, 1996. Actas da Décima Segunda Conferência Internacional sobre.* 1996. IEEE.

12. Pottinger, R. e A.Y. Levy. *A Scalable Algorithm for Answering Queries Using Views,* em *VLDB.* 2000.

13. Halevy, A.Y., et al. *Schema mediation in peer data management systems,* em *Data Engineering, 2003. Actas. 19ª Conferência Internacional sobre.* 2003. IEEE.

14. Levy, A., A. Rajaraman, e J. Ordille, *Querying heterogeneous information sources using source descriptions.* 1996.

15. Mary Fernandez, J.M., e Marton Nagy. XQuery 1.0 e, A. XPath 2.0 data model. http://www.w3.org/TR/query-datamodel/, e W.C.w. draft.

16. Scott Boag, D.C., Mary F. Fernandez, Daniela Florescu,, et al.

17. Hua, K.A. e C. Lee. *An Adaptive Data Placement Scheme for Parallel Database Computer Systems,* em *VLDB.* 1990.

18. Ivanova, M., M.L. Kersten, e N. Nes. *Adaptive segmentation for scientific databases,* em *Data Engineering, 2008. ICDE 2008. 24ª Conferência Internacional do IEEE.* 2008. IEEE.

19. Rao, J., et al. *Automating physical database design in a parallel database,* in *Proceedings of the 2002 ACM SIGMOD international conference onManagement ofdata.* 2002. ACM.

20. Copeland, G., et al., *Colocação de dados em Bubba.* Vol. 17. 1988: ACM.

21. Sidell, J., et al. *Data replication in mariposa.* em *Data Engineering, 1996. Actas da Décima Segunda Conferência Internacional sobre.* 1996. IEEE.

22. Didriksen, T., C.A. Galindo-Legaria, e E. Dahle. *Database de-centralization-a practical approach,* em *VLDB.* 1995.

23. Tamhankar, A.M. e S. Ram, *Database fragmentation and allocation: an integrated methodology and case study.* Systems, Man and Cybernetics, Part A: Systems and Humans, IEEE Transactions on, 1998. 28(3): p. 288-305.

24. Sacca, D. e G. Wiederhold, *Database partitioning in a cluster of processors.* ACM

Transactions on Database Systems (TODS), 1985. 10(1): p. 29-56.

25. Wong, E. e R.H. Katz, *Distribuindo uma base de dados para paralelismo.* Vol. 13. 1983: ACM.

26. Shin, D.-G. and K.B. Irani, *Fragmenting relations horizontally using a knowledge-based approach.* Software Engineering, IEEE Transactions on, 1991. 17(9): p. 872-883.

27. Agrawal, S., V. Narasayya, e B. Yang. *Integrating vertical and horizontal partitioning into automated physical database design,* in *Proceedings of the 2004 ACM SIGMOD international conference on Management ofdata.* 2004. ACM.

28. Zilio, D.C., et al. *DB2 design advisor: integrated automatic physical database design,* in *Proceedings of the Thirtieth international conference on Very large data bases-Volume 30.* 2004. VLDB Endowment.

29. Gavish, B. e O.R. Liu Sheng, *Dynamic file migration in distributed computer systems.* Communications of theACM, 1990. 33(2): p. 177-189.

30. Stonebraker, M., et al., *Mariposa: a wide-area distributed database system.* The VLDB Journal, 1996. 5(1): p. 48-63.

31. Bonvin, N., T.G. Papaioannou, e K. Aberer. *A selforganized, fault-tolerant and scalable replication schemefor cloud storage.* in *Proceedings of the 1st ACM symposium on Cloud computing.* 2010. ACM.

32. Ciciani, B., D.M. Dias, and P.S. Yu, *Analysis of replication in distributed database systems.* Knowledge and Data Engineering, IEEE Transactions on, 1990. 2(2): p. 247-261.

33. Hara, T. e S.K. Madria, *Data replication for improving data accessibility in ad hoc networks (Replicação de dados para melhorar a acessibilidade dos dados em redes ad hoc).* Mobile Computing, IEEE Transactions on, 2006. 5(11): p. 1515-1532.

34. Mondai, A., S.K. Madria, e M. Kitsuregawa. *CADRE: A Collaborative replica allocation and deallocation approach for Mobile- P2P networks,* in *Database Engineering and Applications Symposium, 2006. IDEAS'06. lOthlnternational.* 2006. IEEE.

35. Mondai, A., K. Yadav, e S.K. Madria, *EcoBroker: An economic incentive-based brokerage model for efficiently handling multiple-item queries to improve data availability via replication in mobile- p2p networks,* in *Databases in Networked Information Systems2QlQ,* Springer, p. 274-283.

36. Wolfson, O. e S. Jajodia. *Distributed algorithms for dynamic replication of data,* in *Proceedings of the eleventh ACM SIGACT- SIGMOD-SIGART symposium on Principles of database systems.* 1992. ACM.

37. Tamer èOzsu, M. e P. Valduriez, *Principles of distributed database systems2QH:* Springer.

38. Engenharia, Manual Y.I.Q.o.I.T.C.S.a. e P.C.P., 1996.

39. Yang, Y., et al. *Authenticated join processing in outsourced databases,* in *Proceedings of the 2009 ACM SIGMOD International Conference onManagement ofdata.* 2009. ACM.

40. Agrawal, D., et al. *Gestão de bases de dados como um serviço: Challenges and opportunities,* em *Data Engineering, 2009. ICDE'09. 25ª Conferência Internacional do IEEE.* 2009. IEEE.

41. Luo, Q., et al. *Middle-tier database caching for e-business,* in *Proceedings of the 2002 ACM SIGMOD international conference on Management ofdata.* 2002. ACM.

42. Huebsch, R., et al. *Querying the Internet with PIER,* in *Proceedings of the 29th international conference on Very large data bases- Volume 29.* 2003. VLDB Endowment.

43. Dean, J. e S. Ghemawat, *MapReduce: processamento simplificado de dados em grandes clusters.* Communications of the ACM, 2008. 51(1): p. 107-113.

44. Gates, A.F., et al., *Building a high-level dataflow system on top of Map-Reduce: the Pig experience.* Anais do VLDB Endowment, 2009. 2(2): p. 1414-1425.

45. Thusoo, A., et al., *Hive: uma solução de armazenamento sobre uma estrutura de mapreduce.* Actas do VLDB Endowment, 2009. 2(2): p. 1626-1629.

46. Stonebraker, M., et al., *MapReduce e DBMSs paralelos: amigos ou inimigos?* Communications of the ACM, 2010. 53(1): p. 64-71.

47. Popescu, A.D., et al. *Adaptive query execution for data management in the cloud,* in *Actas do segundo workshop internacional sobre gestão de dados na nuvem.* 2010. ACM.

48. Xu, Y., P. Kostamaa, e L. Gao. *Integrating hadoop andparallel DBMs.* in *Proceedings of the 2010 ACM SIGMOD International Conference onManagement ofdata.* 2010. ACM.

49. Bomhovd, C., et al., *Adaptive Database Caching with DBCache.* IEEE Data Eng. Bull., 2004. 27(2): p. 11-18.

50. Altinel, M., et al. *Tabelas de cache: Paving the way for an adaptive database cache,* em *Proceedings of the 29th international conference on Very large data bases-Volume 29.* 2003. VLDB Endowment.

51. Manual de referência do MySQL 5.5, C.T.M.q.c., 2010.

52. Loney, K., *Oracle Database 11g The Complete Reference2QQ8:* McGraw-Hill, Inc.

53. Dar, S., et al. *Armazenamento em cache e substituição de dados semânticos,* em *VLDB.* 1996.

54. Keller, A.M. e J. Basu, *A predicate-based caching scheme for client-server database architectures.* The VLDB Journal-The International Journal on Very Large Data Bases, 1996. 5(1): p. 035-047.

55. Jonsson, B.L., et al., *Performance and overhead of semantic cache management.* ACM

Transactions on Internet Technology (TOIT), 2006. 6(3): p. 302-331.

56. Ren, Q. e M.H. Dunham. *Usingsemantic caching to manage location dependent data in mobile computing,* em *Proceedings of the 6th annual international conference on Mobile computing and networking.* 2000. ACM.

57. Chakravarthy, U.S. e J. Minker. *Multiple Query Processing in Deductive Databases using Query Graphs,* em *VLDB.* 1986.

58. Chidlovskii, B., C. Roncancio, e M.-L. Schneider, *Mecanismo de cache semântico para consultas heterogéneas na Web.* Redes de Computadores, 1999. 31(11): p. 1347-1360.

59. Lee, D. e W.W. Chu. *Semantic caching via query matching for web sources,* em *Proceedings of the eighth international conference on Information andknowledge management.* 1999. ACM.

60. Deutsch, A., et al., *Uma linguagem de consulta para XML.* Computer Networks, 1999. 31(11): p. 1155-1169.

61. http://www.w3.org/TR/1999/WD-xmlschema-, X.S.p.S. e D.W.C.W.D. 1-19991217/.

62. Brown, A., et al., *MSL: um modelo para o esquema XML do W3C.* ComputerNetworks, 2002. 39(5): p. 507-521.

63. Fernandez, M., W.-C. Tan, e D. Suciu, *SilkRoute: negociação entre relações e XML.* ComputerNetworks, 2000. 33(1): p. 723-745.

64. Carey, M.J., et al. *XPERANTO: Publishing Object-Relational Data asXML.* in *WebDB (Informal Proceedings).* 2000.

65. Conesa, J., V.C. Storey, and V. Sugumaran, *Improving webquery processing through semantic knowledge.* Data & knowledge engineering, 2008. 66(1): p. 18-34.

66. Collins, S.R., S. Navathe, e L. Mark, *XML schema mappings for heterogeneous database*

access. Information and Software Technology, 2002. 44(4): p. 251-257.

67. Bright, M., A.R. Hurson, and S.H. Pakzad, *A taxonomy and current issues in multidatabase systems.* Computer, 1992. 25(3): p. 50-60.

68. Majid Kazemian, B.M., Hamid Nikbakt e Caro Lucas (2005). Arquitetura para a integração de bases de dados biológicas e de doutoramento. Conferência AIML 05, Cairo Egito.

69. Ôzgür, A. e T.I. Gündem, *Técnica de indexação eficiente para catálogos de produtos electrónicos baseados em XML.* Electronic Commerce Research andApplications, 2006. 5(1): p. 66-77.

70. El-Sayed, M., K. Dimitrova, e E.A. Rundensteiner, *Efficiently supporting order in XML query processing.* Data & knowledge engineering, 2005. 54(3): p. 355-390.

71. Don Box, D.E., G. K. A. L. N. M. H. F. N. S. T. D. W. (2000). Protocolo simples de acesso a objectos (SOAP) 1.1. Internet. http://www.w3.org/TR/2000/NOTESQAP-20000508/.

72. Schwartz, E.U.B.t.u.W.S., t.d.u.m.s. Internet., e h.w.i.c.a.h. l.htm.

73. Martin D'urst, A.F.U.i.x.a.o.m.l.I. e http://www.unicode.org/reports/tr20/.

74. Boranbayev, A.S., *Definição de metodologias para o desenvolvimento de sistemas de informação J2EE baseados na Web.* Nonlinear Analysis: Teoria, Métodos e Aplicações, 2009. 71(12): p. el633-el637.

75. Java 2 Platform, Enterprise Edition (J2EE) Overview. http://j ava.sun.com/j2ee/overview.html.

76. Abidin, U.S.Z., *Implementação de XML e de um algoritmo inteligente para melhorar o processamento de consultas Web no acesso a bases de dados heterogéneas.*

MIX
Papier aus verantwortungsvollen Quellen
Paper from responsible sources
FSC® C105338

Printed by Books on Demand GmbH, Norderstedt / Germany